Niederrhein

Fotos: Ria Verheyen
Konzeption und Texte: Susanne Schulten, Susanne Nagels
Layout: Heike Markwitz

Bibliografische Information der Deutschen Bibliothek
Die Deutsche Bibliothek verzeichnet diese Publikation in der Deutschen Nationalbibliografie; detaillierte bibliografische Daten sind im Internet über http://dnb.ddb.de abrufbar.

Verlag Fachtechnik + Mercator-Verlag, Duisburg
www.mercator-verlag.de

Druck: Druckhaus Cramer
ISBN 978-3-87463-498-4

Ria Verheyen

Niederrhein

Das Fremde im Vertrauten

Mercator

Vorwort

Niederrhein bedeutet: Weite, durchzogen von vielen kleinen Flüssen, knorrigen Kopfweiden und schnurgeraden Pappelalleen, Wiesen, Mooren und Heideflächen, ein Stromland der Gedanken, das auf den ersten Blick fast nur aus Himmel zu bestehen scheint.

Die Bilderreise in diesem Buch führt vom frühen Morgen bis in den späten Abend, vom kargen Vorfrühling über den strahlenden Sommer bis in den tiefsten Winter hinein, vom stillen Niederrhein mit Fluss, Weide, Feld und Wald bis zum lauten Rand des Ruhrgebiets – und wieder zurück.

Ab und an finden sich kleine Andeutungen, wo man sich befindet, aber nicht mehr. Die Bilder und Eindrücke zählen, und ganz im Sinne von Hanns Dieter Hüsch darf sich der Leser in der Landschaft verlieren: „Eine Musik aus Vergessen und Erinnern, und daraus entsteht das Gefühl am Ende der Welt, am Ende aller Tage zu sein.“

Großformatige Bilder offenbaren eine Landschaft, die – eigentlich so vertraut – sich doch immer wieder von einer neuen Seite zeigt.

Die Fotografin Ria Verheyen streift mit ihrem Hund Chio jeden Tag, bei Wind und Wetter, sommers wie winters, durch den Niederrhein, der für sie Heimat und Abenteuer zugleich ist – und ihre Kamera hat sie immer dabei.

So geheimnisvoll kann der frühe Morgen
am Altrhein sein.

Und so dramatisch.

Der große Fluss ist ein perfekter Spiegel der Landschaft.

Ein triumphaler Sonnenaufgang kündigt sich an.

FRÜHLING

Weit ist das Land und hoch der Himmel.

FRÜHLING

Texas?
Nein, das ist der Niederrhein.

FRÜHLING

FRÜHLING

FRÜHLING

Der Niederrhein soll melancholisch sein?

Stimmt.

Hier ist Vorfreude auf kulinarische Wonnen garantiert – ein Spargelfeld im Frühlicht.

Noch wirkt alles düster und schroff.
Doch bald wird der Weg in Frühlingsfarben
getaucht sein.

FRÜHLING

Düster kann so schön sein.

Der Niederrhein ist eine Landschaft mit Perspektive.

FRÜHLING

Das erste unglaubliche Grün entfaltet sich vor dem stillen Graubraun des Spätwinters.

FRÜHLING

Der Niederrhein bietet stille Geometrien,
ob zu Lande oder zu Wasser.

SOMMER

Das Wasser
erwärmt sich
und weckt die
Lebensgeister.
Da bekommt die
Familienplanung
wieder oberste
Priorität.

SOMMER

Diese kleine Welt ist in Wirklichkeit ganz groß.

SOMMER

SOMMER

Auch Kühe machen Mittagspause.

SOMMER

SOMMER

SOMMER

Ein stilles, stures Leben führen – da gibt es bestimmt Schlimmeres.

Der Sommer hat ein Blumenbukett vor großer Kulisse zusammengestellt.

Hinsetzen, sich an einen Baumstamm lehnen –
und dem Wald lauschen. Alles andere ist Unsinn.

SOMMER

Hals über Kopf –
eine Hummel im Freudentaumel.

SOMMER

Unglaublich rot leuchtet der Klatschmohn vor dem Sommerhimmelblau.

SOMMER

Jeder,
der dieses
Grün sieht,
weiß wieder,
was er im
Winter
vermisst hat.

SOMMER

SOMMER

Eine zerzauste
Schönheit
am Wegesrand
trotzt dem
Regen und
trägt Tropfen
wie ein
Festgewand.

SOMMER

Gibt es eine Steigerung von „filigran“?

Hummeln bei der Gruppenarbeit im farblich passenden
Ambiente – das Ganze wirkt außerordentlich fleißig.

Hier hört man förmlich das trunkene Summen
von Bienen und Hummeln.

Die Schwanenburg durchpflügt
das Sonnenblumenmeer wie ein stolzes Schiff.

Viel Raum bietet der Niederrhein, und viel Ruhe.

SOMMER

Jetzt die Zeit anhalten zu können,
das wäre „besser wie im Himmel“.

SOMMER

Wolf und Lamm werden beisammen weiden …
… oder zumindest Kühe und ein Boot. Der Friede hier ist jedenfalls mit Händen zu fassen.

So geht Philosophie am Niederrhein.

Am Niederrhein sagt man nicht: „Nimm Platz."
Man sagt: „Geh sitzen." Sowat von gemütstief.
(H. D. Hüsch)

SOMMER

In der summenden Mittagsstille das Gras wachsen hören und noch langsamer denken als die Schwarzbunten. Das reicht völlig als Aufgabe für einen Tag.

SOMMER

Eine Katze übt sich gelassen in der Kunst der Balance.

Auch Felder können tanzen.

Nur nicht aus der Ruhe bringen lassen, das ist die Losung dieser Sommertage.

Sausende Libellenflügel am Übergang zur Industriekulisse in der Sonsbecker Schweiz markieren einen der vielen Brüche am Niederrhein.

Bodensee?
Nein, das
ist die Reeser
Schanz im
spätsommerlichen
Morgendunst.

Vater Rhein ist die große Straße für alle.

Auch der Rhein kann wild werden.

Oder ganz zahm sein.

SOMMER

Leben am großen Strom.

Dicht an dicht – Thyssen Krupp und Wald –
so kennen wir das hier.

SOMMER

Auf dem Weg Richtung Duisburg leuchtet Thyssen
im spätsommerlichen Abendschein.

Am Niederrhein gilt der Radfahrer etwas –
was man an der Breite der Radwege ablesen kann.

Der Sonnenaufgang in der
Sonsbecker Schweiz ...

… ist manchmal eine
dramatische Angelegenheit.

HERBST

Und man sieht eine
Landschaft…

…die vor allem aus
Himmel zu bestehen scheint.

Hier gibt sich der Herbst dramatisch.

Vielleicht nicht der Schnellste, aber stark –
selbst der Traktor ist ein Niederrheiner.

HERBST

Wozu nach Neuseeland reisen?

HERBST

Technik kann Kunst sein.

Eine Landschaft zum Eintauchen.

Hier ist es also zu Hause!

Was ist das? Ein Schleier für eine Elfe?

Ein Wolkenbruch im Mais-Dschungel
sorgt für Urwaldgefühle.

Diese
Maiskolben
wirken wie
ein Bild von
Max Ernst.

Reife
Schönheiten
präsentieren
sich hier im
Feld.

HERBST

Skulpturen
der Natur.

HERBST

Eine solche Einheit von Melancholie und Fülle –
das gibt es so nur am Niederrhein.

Gleich kracht es am Himmel über Sonsbeck.

HERBST

Mildes Licht löst die Konturen auf.

Ein typischer
düsterer
Herbsttag,
wie geschaffen
für die
Vorfreude auf
einen heißen
Kakao.

Kühle Luft und Regen bringen ganz neue Düfte hervor,
und denen muss man einfach nachspüren.

Am Niederrhein leuchten einem sogar
die Waldwege heim.

Reiche Ernte am Wegesrand – ob sie genießbar sein wird, ist eine andere Frage.

Ein Lichteinfall wie in einer gotischen Kathedrale.

HERBST

Ein Zauberwald, der wirkt, als sei er mit leichter Feder hingetuscht worden.

Hier wird der Niederrhein seinem Ruf als melancholische Landschaft gerecht.

HERBST

Philosophische Kühe stehen still im Nebel
auf der Weide.

Der Niederrhein behält seine Geheimnisse
für sich.

Abendfrieden mit Pferden – wer möchte da nicht mitweiden?

Der Nebel legt sich wie ein glattes Tuch
über die Landschaft.

Geisterhafte Schönheiten laden hier zum Waldspaziergang ein.

Romantische Idylle am Hasenacker bei Labbeck –
Caspar David Friedrich wäre begeistert gewesen.

Der Herbst ist weit fortgeschritten. Nun bringen die herabgefallenen Blätter den Boden zum Leuchten.

Wer braucht schon einen Schlosspark.
Der Wald inszeniert seine eigenen Alleen.

War etwa eine Fee bei den Kühen zu Besuch?

Sind wir im Sauerland? Oder im Harz?
Nein, dies ist der Uedemer Hochwald.

Ein Ort, eine Zeit für sanfte Fabelwesen.

Das stille Licht des Winters verleiht dem Wald
eine ganz eigene Tiefe.

Die Enten trägt das Eis wenigstens schon mal.

Wasservögel bei der Abendgymnastik in Bislich –
und die Bäume haben nasse Füße.

Kein Bühnen-
bildner könnte
diese Szene
schöner gestalten.

Beinahe fragt man sich, ob man dieses
Bild richtig herum betrachtet.

Weiß behaucht und bodenständig zugleich,
so ist der Niederrhein im Winter.

Eine zweite Blüte –
nur dass sie aus Raureif besteht.

Der Winter bringt die Welt
zum Leuchten.

Der Trecker gehört am Niederrhein schon lange zur Fauna.

Hier muss man immer auf die kritischen Blicke
selbstbewusster Schafe gefasst sein.

Sonst kaum beachtet und dabei so schön –
die letzten Farben des scheidenden Jahres …

WINTER

Hier entsteht gerade ein Lichtgemälde aus
Sonne, Dunst und Schatten.

Das Wasser
macht die
Weide zum
perfekten
Spiegel.
Wie schön!

Am Nieder-
rhein will
das Wasser
einfach nicht
da bleiben, wo
es hingehört.

Wer möchte ihn nicht gehen, diesen Weg hinaus
in die stille Weite?

Eine Szene wie eine japanische Tuschemalerei.

Schnee und Himmel wie in Süddeutschland,
nur ohne das lästige Gekraxel.

Der Niederrhein, unendliche Weiten,
wir schreiben das Jahr…

Vom Winde verweht auf der Halde Norddeutschland.
So macht der Winter Spaß.

WINTER

Frei nach Goethe:
„Vom Eise verzaubert sind Strom und Bäume."

Kälte kann man manchmal sogar sehen.

WINTER

Die Niederrheiner lieben Büdchen. Also stellen sie auch eins aufs Eis, und alle freuen sich.

WINTER

Raureif ist höchste Kunst in Vollendung. Aber das hier sieht aus wie ein Zaunpfahl mit Mütze.

Ein Fest-
gewand für die
Blätter des
letzten Sommers,
bestickt in
einer einzigen
Winternacht.

WINTER

Schnee plus Gans gleich schneeweiße Gans.

Aktionskunst, also ein Kunstwerk in Bewegung:
Wie lange wird es wohl noch halten?

Zwischen Abschlag und Grün ...

Golfen für Genießer

Der Niederrhein bietet in einer für Deutschland einzigartigen Konzentration architektonisch herausragende und exzellent gepflegte Plätze.
Und da für Golfer die 18 eine besondere Zahl ist, lädt dieser Bildband ein zu einer Golftour über 18 Anlagen, die alle Charakteristika des Niederrheins aufweisen: weite Ebenen, sanfte Hügel, mäandernde Flüsschen, Kopfweiden und geschichtsträchtige, zu Clubhäusern umfunktionierte Schlösser, in denen der Gast die typisch niederrheinische Küche genießen kann.
Zugleich sind diese Anlagen unverwechselbar, denn der Niederrhein steckt voller (miteinander vereinbarer) Gegensätze.

Für den Freund des Puttens und Pitchens bleibt nur eines – den Bildband genießen und anschließend golfen gehen.

Susanne Nagels
Golfplätze am Niederrhein
Die 18 schönsten Courses
128 Seiten mit vielen Fotos, Übersichtskarte
Großformat 25 x 31 cm, gebunden mit Schutzumschlag
ISBN 978-3-87463-491-5
24,90 €

Kontakt: h.schlenger@wohlfarth.de